GEORGES DELBRUCK

L'ÉDUCATION

DE LA

DÉMOCRATIE

PARIS

LA RENAISSANCE CONTEMPORAINE

10, Rue Oudinot, 10

—

MCMXIII

— *La Renaissance Contemporaine* est le **meilleur marché** des périodiques bi-mensuels français s'adressant au public lettré.

— *La Renaissance Contemporaine* est lue par **cinq mille** abonnés et lecteurs en France, en Belgique, en Suisse, en Italie, en Russie, en Roumanie, au Brésil, dans la République Argentine, etc.

— La publicité de *la Renaissance Contemporaine* est **la plus économique et la plus sûre** de toutes celles des revues littéraires à grand tirage.

La Renaissance Contemporaine est en lecture à Paris, dans six cents bibliothèques, cercles, clubs, théâtres, etc.; en province, dans toutes les bibliothèques des chefs-lieux des départements, dans les bibliothèques des Universités, au siège des principales Associations artistiques, etc.

La Renaissance Contemporaine possède un service d'échange régulier avec les principaux périodiques de France et de l'étranger.

ABONNEMENTS : 8 fr. et 10 fr. par an

L'ÉDUCATION DE LA DÉMOCRATIE

GEORGES DELBRUCK

L'ÉDUCATION

DE LA

DÉMOCRATIE

PARIS

LA RENAISSANCE CONTEMPORAINE

10, Rue Oudinot, 10

MCMXIII

L'ÉDUCATION de la Démocratie est un sujet si vaste et si complexe, si inextricablement lié à la philosophie, la physiologie et la sociologie que nous ne pourrons ici qu'en effleurer les principes directeurs.

L'inquiétude actuelle des esprits fait pressentir l'éclosion d'une ère nouvelle dans l'histoire de la civilisation. On devine dans le choc actuel des idées, l'existence de sentiments d'instinct qui n'arrivent pas à se préciser et à s'épanouir, de sentiments étouffés dans leur germe par les nombreux préjugés que nous ont légué la théologie et la métaphysique des siècles passés.

Nous sommes actuellement au point de vue philosophique dans une période de chaos. Les vieilles croyances s'effondrent et laissent un vide.

Il nous manque une religion ou philosophie nouvelle comportant un idéal reconnu de tous et vers lequel tendraient tous les efforts, un idéal qui ne soit pas en contradiction avec la science et qui puisse évoluer avec elle.

La science elle-même, aride et abstraite, ne saurait être le but définitif : Elle ne peut être qu'un moyen.

Le mot « Progrès » est vide de sens lorsque le but à atteindre n'est pas spécifié.

Il faudrait donc préciser le but vers lequel doit tendre le progrès, établir l'idéal philosophique et sociologique qui devra inspirer les législateurs et les éducateurs.

Quelles que soient les étapes intermédiaires nécessitées par les circonstances, l'idéal éventuel ne saurait être autre qu'un idéal le beauté et d'harmonie.

L'idéal sert de point de direction et permet de planter des jalons peu éloignés, mais situés dans la direction juste.

Au point de vue de l'éducation c'est surtout dans la psychologie que l'idéal joue un rôle prépondérant, car de l'idéal poursuivi dépendent les principes directeurs.

Malheureusement la psychologie la plus répandue, qu'elle soit issue de l'esprit théologique ou de l'esprit laïque, s'inspire du régime de l'autocratie. Elle a pour objectif le règne arbitraire de l'être cérébral et l'esclavage de l'être inconscient.

Si dans la psychologie nous introduisons un idéal d'harmonie au lieu de l'idéal habituel d'autorité et de conquête, si au lieu de ne considérer le corps que comme une enveloppe matérielle ne demandant que des soins matériels, nous le considérons comme le siège des centres nerveux médullaires, comme le siège des innombrables réflexes et manifestations *immatérielles* qui provoquent notre pensée et exercent sur elle une influence permanente et considérable, si nous cessons d'ignorer les travaux de certains physiologistes modernes dont les conclusions sont en désaccord avec le dogme théologique du libre arbitre, nous donnons au but de l'éducation une tonalité différente, de nature à amener un changement d'orientation.

La volonté non suivie d'exécution est inutile. Il ne suffit pas de vouloir : il faut pouvoir. L'être cérébral ne peut exécuter que s'il est secondé par un inconscient habile et cultivé. Le but de l'éducation est de faire passer le conscient dans l'inconscient et de mettre ces deux êtres en état d'harmonie.

Qelles sont les meilleures méthodes à employer pour développer l'individu d'une façon complète, pour le mettre en état d'harmonie avec lui-même, pour arriver au maximum de rendement avec le minimum d'usure et de fatigue, pour créer un homme plus utile, plus heureux et plus apte à vivre en harmonie avec ses concitoyens ? Tel est le grand problème qui actuellement passionne les esprits les plus éminents et les plus éclairés.

CONSIDÉRATIONS GÉNÉRALES

LE but visé par l'éducation dans une démocratie ne saurait être le même que dans une autocratie.

Dans un pays autocratique le maintien de la hiérarchie et de l'esprit de caste, qui sont la raison d'être du régime autocratique, sont en général l'objectif principal. Le but de l'éducation est de développer une élite seule, le reste du peuple devant être maintenu, sinon dans l'ignorance, du moins dans la soumission.

La Démocratie est le gouvernement du peuple par le peuple lui-même et le devoir de l'Etat est d'instruire la masse du peuple et d'élever son niveau général, tout en cultivant avec soin une élite destinée à guider le peuple dans la voie du progrès. Une élite est encore indispensable à l'heure actuelle car il ne faut pas oublier que si une nation est prospère par ses agriculteurs, ses industriels et ses commerçants, elle est grande par ses philosophes, ses savants et ses artistes.

Une nation sans élite n'est pas une grande nation et ne peut marquer dans l'histoire du monde. Mais une nation dont l'élite seule est cultivée et dont le peuple est maintenu dans l'ignorance ne peut pas lutter contre les nations dont le niveau général est plus élevé. Il faut élever le niveau général du peuple tout entier. L'élévation de l'élite qui en est issue en sera la conséquence.

Dans une démocratie vivant en paix avec les nations voisines, l'effort principal de l'Etat doit porter sur l'éducation des enfants et cela avec d'autant plus d'intensité que l'enfant est plus jeune, car c'est surtout pendant l'extrême jeunesse que l'inconscient se caractérise.

L'éducation des instincts doit préoccuper l'éducateur tout au moins au même titre que la culture intellectuelle. L'éducateur ne doit pas seulement chercher à orner l'esprit : son rôle est plus complexe et plus élevé. Il doit chercher à former le caractère dans lequel le tempérament et les instincts jouent un rôle important sinon prépondérant.

Le tempérament est souvent lié à l'état de santé. L'hérédité joue un grand rôle dans le tempérament qui cependant peut se modifier par l'éducation et le milieu ambiant.

Les instincts sont héréditaires mais peuvent se transformer, se modifier et se perfectionner surtout pendant l'extrême jeunesse.

Les instincts artificiellement créés et acquis avant l'âge de la procréation se transmettent en partie aux descendants, constituant de ce fait une amélioration immatérielle de la race sous forme d'instincts héréditaires de qualité supérieure.

L'Etat pratiquant une politique sociologique de longue portée, envisageant aussi bien l'avenir éloigné que les événements de demain doit faire entrer en ligne de compte l'éducation des instincts dont l'amélioration exercera une influ ce prépondérante sur les mœurs futures.

On peut, sans hésitation, affirmer que le caractère, le tempérament et les instincts d'un peuple sont, pour sa prospérité et son bonheur, d'une importance au moins égale à celle de son degré de culture intellectuelle.

Une erreur courante est de croire que par l'instruction ou culture intellectuelle seule, on peut former le caractère. Il faut tenir compte de l'inconscient et dans les milieux scientifiques on ne nie plus aujourd'hui le rôle prépondérant de l'inconscient. Toutefois, nous ne saurions trop le répéter, l'inconscient est susceptible d'éducation, quoique par des moyens différents, et surtout pendant l'extrême jeunesse. C'est par le milieu ambiant, l'exemple des autres, les habitudes prises, les impressions physiques et sensorielles qu'il peut se modifier en bien ou en mal. On ne peut qu'imparfaitement faire soi-même l'éducation de son propre inconscient, car lorsqu'on arrive à l'âge de raison il est déjà trop tard et l'inconscient n'est plus assez souple pour consentir à des modifications importantes. Il se crée alors, un état de lutte intérieure et permanente qui absorbe une partie des forces utiles de la volonté, lutte pénible pour l'individu et pénible pour ceux qui l'entourent. L'individu se trouve, de ce fait, en état de mensonge permanent : c'est un parvenu psychologique, cherchant à cacher des instincts qui froissent son être conscient. A la moindre défaillance de la volonté l'éducation première réapparaît : elle a laissé une marque indélébile.

L'éducation du peuple doit s'inspirer de deux doctrines complémentaires. Elle doit d'abord être utilitaire ; mais elle doit aussi comporter la conception d'un idéal élevé et *irréalisable*, d'un idéal de beauté et d'harmonie destiné à lui donner une tonalité noble et joyeuse.

Il est nécessaire d'établir d'abord les valeurs, les grandes classifications : d'attribuer la plus grande importance aux choses les plus essentielles, à la prospérité et au bonheur futurs de la race et de reléguer, au dernier plan, les connaissances sans utilité pratique et sans rapport avec l'idéal poursuivi.

Si dans le développement de l'éducation secondaire et des études spéciales destinées à l'élite, la culture intellectuelle doit de plus en plus passer au premier rang, il n'en est pas de même pour l'éducation élémentaire. La culture intellectuelle doit se greffer sur un inconscient sain et de bonne qualité.

Pour le peuple pris dans son ensemble il est essentiel avant tout que l'homme soit bien portant, qu'il raisonne juste, qu'il soit capable de produire un travail utile et qu'il sache s'amuser sans se quereller ou gêner ses concitoyens, ce qui implique la bonté et la sociabilité. On cherchera donc à former des hommes robustes, sains de jugement, industrieux et joyeux, et l'éducation élémentaire comportera l'étude de la santé, la coordination des faits et des idées, la préparation aux métiers manuels et la pratique de jeux scolaires nouveaux.

La santé est nécessaire au travail, nécessaire à la joie de vivre. Une des préoccupations importantes des éducateurs doit donc être d'augmenter la santé de leurs élèves, d'augmenter leur résistance vitale, de rendre leur organisme rebelle à la maladie et de leur enseigner la science de la santé.

La santé peut être comparée à une fortune provenant d'héritage qu'on peut augmenter par la science ou bien perdre par ignorance ou négligence. L'Etat ne peut pas se désintéresser de cette question, surtout avant l'âge de la procréation, car de la santé de l'individu dépendent la santé de ses descendants et l'avenir de la race.

La préparation aux métiers manuels par des exercices progressifs et gradués et la résolution de nombreux problèmes faciles et techniques, pourra non seulement développer des qualités communes à tous les métiers et même à toutes les professions, des qualités de précision, d'ingéniosité, d'adresse, de persévérance, d'ordre et de sincérité, mais pourra, chez l'enfant, jeter les fondations d'un jugement sain, lui enseigner à coordonner ses idées, à reconnaître les causes et les effets

Les jeux scolaires devront jouer un grand rôle dans l'éducation. Les jeux actuels sont insuffisants et mal compris. En matière de jeux scolaires tout est à créer.

Les jeux doivent viser à développer simultanément les qualités physiques, morales et intellectuelles de l'individu et être progressifs, c'est-à-dire préparatoires les uns aux autres. La difficulté doit augmenter avec l'âge des élèves et la tonalité se modifier tout en conservant un caractère attrayant. Les jeux en commun, basés sur la combativité courtoise, seront un puissant facteur de l'esprit de solidarité indispensable à tout état social.

De l'esprit de solidarité désintéressée découle la bonté, la sociabilité, l'honnêteté commerciale, le patriotisme et le désir d'être utile et agréable à son prochain.

Ce n'est pas par la théorie seule qu'on peut utilement développer l'esprit de solidarité. Il faut que ce sentiment devienne instinctif et pour cela il est nécessaire de le faire naître et de le développer chez l'enfant très jeune.

On verra plus loin comment, dans l'éducation qui, au début, devra s'adresser uniquement à l'inconscient, on introduira progressivement l'éducation du conscient, et comment celle-ci, à la fin des études, deviendra la préoccupation presque exclusive de l'éducateur.

LA COORDINATION DES CENTRES NERVEUX

L'ÉDUCATEUR chargé de développer des êtres pensants, de former des hommes complets, doit être psychologue, c'est-à-dire connaître la cause et l'enchaînement de nos actions conscientes et de nos aspirations inconscientes. En psychologie toutes les hypothèses sont permises en tant qu'hypothèses. Mais toute conclusion en désaccord avec les faits acquis en physiologie est dénuée de valeur et doit être rejetée. Il ne sera donc pas inutile de faire ici une incursion dans le domaine de la psychologie ; mais il ne sera possible, faute de place, que de donner de brèves conclusoins sans les développer.

Toutes nos actions, tous nos mouvements ont pour cause un effluve ou jet d'influx nerveux lancé par les centres nerveux. L'influx nerveux peut être comparé à un courant électrique engendré par les centres nerveux. Les centres nerveux eux-mêmes sont des générateurs d'influx nerveux et sont situés non seulement dans le cerveau mais aussi dans la moëlle, le long de la moëlle et dans certains organes eux-mêmes. Ils sont très nombreux et pourraient être comparés à des bureaux téléphoniques reliés entre eux et d'où partent d'innombrables fils qui dans le système nerveux seraient représentés par les filets nerveux.

Bien que les centres nerveux soient reliés entre eux il ne faut pas les considérer comme formant une personnalité unique. Ils forment plutôt une confédération dont les divers états entretiennent entre eux des rapports diplomatiques et c'est précisément l'étude de ces rapports, d'ailleurs complexes et encore obscurs, qui peut servir de clé à la psychologie.

La cause initiale de la production d'influx nerveux nous échappe. Cependant on pourra peut-être en trouver un jour l'explication par les théories récentes du Dr Gustave Le Bon sur la dissociation de la matière, d'après lesquelles une parcelle infinitésimale de matière se transforme par la dissociation en une quantité considérable d'énergie immatérielle, la dissociation étant provoquée par des causes subtiles et l'effet semblant supérieur à la cause, par suite de la libération d'énergie intra-atomique.

La localisation des centres nerveux est encore très incertaine et pleine d'obscurité ; nous avons cependant de bonnes raisons pour croire que les centres nerveux qui commandent toutes nos contractions musculaires et nos mouvements habituels et inconscients se trouvent situés dans la moëlle, tandis que les centres conscients se trouvent situés dans le cerveau. La localisation des centres nerveux n'est, d'ailleurs pas indispensable à l'étude que nous poursuivons et nous pourrons, pour plus de clarté, opposer la moëlle au cerveau, supposer provisoirement et pour faire image, la moëlle être le siège de l'être inconscient et le cerveau celui de l'être conscient. Plusieurs physiologistes distingués ont déjà parlé de la moëlle comme étant le siège d'une activité psychique inconsciente. Le subconscient n'est qu'une portion de l'inconscient qui prend une existence du fait de l'attention de l'être conscient. Le subconscient fait virtuellement partie de l'inconscient.

Les mouvements nouveaux sont toujours conscients. Par l'habitude ils peuvent devenir inconscients et automatiques, tout en restant sous la juridiction du cerveau, telle l'écriture qui d'ailleurs révèle, dans une certaine mesure, le caractère de l'inconscient. Certains mouvements habituellement automatiques peuvent être modifiés par l'intervention du cerveau, tels le jeu des poumons ; d'autres y échappent complètement, tels le battement du cœur et le mouvement péristaltique de l'intestin. La plus grande partie de nos mouvements habituels sont inconscients et le cerveau n'intervient guère que par un commandement général sans s'occuper des détails d'exécution (1) Exemple : dans la marche à pied on ne pense pas à la décomposition des mouvements qui sont coordonnés et commandés par les centres nerveux inconscients. En faisant de la bicyclette on ne pense plus aux innombrable mouvements nécessaires à la direction et au maintien de l'équilibre. Tous les mouvements de la vie végétative sont commandés et coordonnés par l'inconscient, sans intervention du cerveau et à peu près en dehors de son influence. Tout mouvement conçu par le cerveau est coordonné et commandé par la moëlle. De

---

(1) Dr Mathias Duval *Traité de physiologie.*

l'habileté des centres inconscients dépend la précision et la rapidité de l'exécution.

Une surproduction générale d'influx nerveux dans les centres inconscients a pour conséquence le resserrement des tissus artériels et une augmentation de pression artérielle. La pression artérielle et l'exubérance vitale sont si intimement liés qu'une augmentation de pression artérielle équivaut à une augmentation momentanée de cette exubérance.

Si nous divisons l'ensemble des centres nerveux en deux grandes catégories psychologiques, d'un côté les centres conscients et de l'autre les centres inconscients, nous remarquerons que l'inconscient subit beaucoup moins l'influence du conscient que le conscient ne subit l'influence de l'inconscient. Exemple : On ne peut pas par un effort de volonté jeter le trouble dans la digestion, tandis qu'une mauvaise digestion peut jeter le trouble dans la pensée.

Le réflexe est un mouvement coordonné et exécuté par l'inconscient sans intervention du conscient et souvent contre sa volonté. Mais l'influence même de l'inconscient sur le conscient peut être assimilée à un réflexe. Sans parler des réflexes génitaux, ce qui nous entraînerait trop loin, nous pouvons constater que les réflexes abdominaux (1) exercent une très grande influence sur la pensée et sur l'état d'âme. Les fumées du vin de champagne qui excitent le cerveau et provoquent la pensée ne sont autre chose que des effluves ou jets d'influx nerveux lancés dans le cerveau par la moëlle sous l'influence d'une excitation stomacale.

Il est permis de croire que la pensée ne jaillit pas spontanément dans le conscient, mais qu'elle est provoquée par des jets d'influx nerveux émanant de l'inconscient et provenant des réserves emmagasinées ou bien d'une excitation sensorielle.

Si nous considérons l'inconscient dans son ensemble comme une personnalité, comme un être doué d'une intelligence dont nous n'avons pas conscience, comme l'associé technicien zélé et infatigable faisant le plus gros de la besogne courante, nous comprendrons quel intérêt il y a à développer pour alléger le travail du conscient considéré comme le théoricien de l'organisme et permettre à ce dernier, libéré des soucis d'exécution, de se consacrer entièrement aux

---

(1) Dr Pascault : *Tourisme et Alimentation*.

conceptions d'ensemble, tel un chef d'armée bien secondé par ses lieutenants.

L'inconscient n'est-il que le coordonateur des mouvements ou bien pouvons-nous le considérer aussi comme un coordonateur et un triturateur d'idées ? L'inconscient est-il susceptible d'éducation et existe-t-il une intelligence inconsciente ?

L'EDUCATION DE L'INCONSCIENT

Lorsqu'on apprend à écrire, surtout dans le cas d'un adulte, le problème pénible, angoissant, est d'arriver à tracer les lettres. Cette difficulté d'ordre musculaire, demande l'intervention permanente du conscient ; progressivement le mouvement de la main devient inconscient. Chez l'écrivain, non seulement les lettres se tracent automatiquement, mais elles s'assemblent pour former les mots, les mot s'assemblent pour former des phrases, et l'orthographe elle-même cesse d'être une préoccupation. Pour l'orthographe, il y a quelquefois hésitaticn, discussion entre le conscient et l'inconscient et c'est souvent l'inconscient qui a raison : l'inconscient a appris l'orthographe.

Lorsqu'un débutant dans le journalisme écrit son premier article, la production en est quelques fois pénible ; le conscient joue un rôle prépondérant et chaque phrase est analysée. Mais lorsque ce journaliste, rompu au métier, arrive tous les jours à écrire un article très semblable, par exemple un article d'injures, le travail devient beaucoup plus facile. Les idées jaillissent spontanément, les mots semblent se présenter sous la plume, mordants et agressifs, le nombre de lignes semble tomber juste comme par hasard et pendant qu'il écrit son article le journaliste songe déjà à l'article du lendemain et à ceux qui suivront. L'inconscient est devenu journaliste.

Le virtuose est celui qui arrive, à la suite d'études préparatoires à produire un bon résultat sans effort conscient et les capacités de l'inconscient semblent être sans limite. *Une faculté n'est réellement et définitivement acquise que lorsqu'elle a pénétré dans l'inconscient.*

La mémoire de l'inconscient est presqu'éternelle tandis que celle du conscient est éphémère. Exemple : si l'on enseigne à un enfant la théorie de la natation il oublie, et n'a rien appris. Si on lui enseigne à nager par l'exécution des mouvements, il sait nager pour le restant de ses jours.

L'inconscient semble très rebelle à l'abstraction pure. Mais il est sensible aux mouvements et aux excitations sensorielles ; pour faire pénétrer l'abstraction jusqu'à l'inconscient, il y a avantage à associer l'inconscient à des mouvements ou bien à provoquer dans l'esprit la formation d'une image qui semble réelle. C'est ce qu'on fait en mnémotechnie et c'est ce que nous faisons nous-mêmes ici en multipliant les exemples.

On pourrait objecter que « l'éducation de l'inconscient » est synonyme de « l'habitude », mais ce n'est pas exact car « l'habitude » implique quelque chose d'inerte et sans raisonnement, tandis que l'inconscient raisonne. Exemple : le maître d'armes, pendant la leçon, commande une parade. Sans prévenir il la trompe. D'instinct l'escrimeur fait une parade complémentaire et ne se rend compte de ce qu'il a fait qu'après coup et en analysant. Il y a eu là une coordination de mouvements imprévus exactement adaptés au but à atteindre c'est-à-dire raisonnement inconscient.

Nous remarquerons aussi que le raisonnement inconscient est infiniment plus rapide que le raisonnement conscient. Le sportsman est secondé par un inconscient très développé. S'il analysait tous ses mouvements il ne serait pas sportsman. Un automobiliste accompli doit pouvoir conduire une voiture rapide tout en causant avec son voisin et en admirant le paysage. Un danger imprévu, tel qu'un chien se jetant devant la voiture, doit provoquer instantanément chez lui une série de reflexes rapides, c'est-à-dire de mouvements coordonnés et justes, non analysés et sans intervention du conscient, dont le raisonnement analysé est beaucoup trop lent.

Dans le cas d'un chanteur d'opéra, si l'on songe à l'infinité de contractions intelligentes, coordonnées et toujours variées qui se produisent simultanément dans le diaphragme, les poumons, la trachée, les cordes vocales, le larynx, le pharynx, les fosses nasales, les narines, le voile du palais, la langue et les lèvres, sans compter les jeux de physionomie et les gestes des bras et du corps, on reconnaîtra que le résultat serait désastreux si tous ces mouvements devaient être analysés ; l'inconscient qui coordonne toutes ces contractions, parfois très subtiles de l'instrument vocal, est infiniment plus compétant et plus prompt que l'être conscient, à la condition toutefois, d'avoir reçu une éducation lente et progressive.

Nous devons aussi remarquer que plus l'inconscient a acquis de connaissances, plus il lui est facile d'en acquérir de nouvelles : il est devenu plus intelligent et plus cultivé. Exemple : un homme qui pratique tous les sports apprendra avec grande facilité un sport nouveau.

Quelles sont les méthodes à employer pour développer l'intelligence inconsciente ? Comme l'existence de l'être inconscient n'a pas été encore reconnue et étudiée, il est difficile de préciser. Tout est probablement à créer dans cette méthode éducative.

En ramenant tout à l'être conscient, on recommande habituellement de ne penser qu'à une seule chose à la fois. Pour arriver à l'éducation de l'inconscient il faudra probablement employer la méthode opposée, c'est-à-dire faire exécuter simultanément plusieurs mouvements indépendants les uns des autres, de façon à exiger de l'inconscient plusieurs commandements simultanés et différents et d'associer ces mouvements à des excitations sensorielles variées.

Il est indispensable, dans la vie, de pouvoir penser à plusieurs choses à la fois. Exemple : le soldat dans un défilé de parade doit penser simultanément à la position de l'arme et de l'équipement, à l'alignement, à la marche, écouter la musique pour la cadence du pas et avoir l'oreille attentive au commandement.

Dans quelle proportion peut-on soi-même faire l'éducation de son propre inconscient ? Quelles sont les méthodes à employer ? La réponse est susceptible de longs développements.

L'ÉDUCATION SENSORIELLE

UN homme plongé dans un cachot noir, dans une oubliette du moyen-âge est presque enterré vivant. Mais combien heureux est son sort comparé à celui d'un homme totalement privé des cinq sens. Qu'on imagine un sourd-muet, aveugle et perdant subitement les sens du toucher, de l'odorat et du goût, un homme qui ne pourrait plus rien voir, rien entendre, rien toucher, rien sentir et rien goûter : il ne pourrait vivre que de souvenirs qui s'affaibliraient bien vite, et cet infortuné aurait perdu tout contact avec la vie, avec l'humanité. Si ses sens lui revenaient seulement à l'état de vagues sensations, de lueurs presque imperceptibles, avec quelle anxiété il les chérirait et comme il envierait, le sort de l'homme de peine, du rustre au regard hébété, à l'oreille paresseuse, au toucher pesant, insensible aux odeurs même nauséabondes et incapables de distinguer au goût la nourriture saine de la nourriture avariée.

La distance qui sépare du rustre l'homme totalement privé de ses cinq sens n'est guère plus grande que celle qui sépare le rustre de l'homme dont les cinq sens sont épanouis et cultivés, du sensoriel au cœur plein d'allégresse, à la fois poëte et artiste. Celui-ci en une libre communication avec la nature aspire la vie par tous les pores : les excitations sensorielles provoquent chez lui un enchaînement d'idées coordonnées et joyeuses. La forme fugitive des nuages, le coloris du ciel, les teintes changeantes de la mer sont pour lui des sujets d'études captivantes ; le feuillage d'automne évoque dans son esprit des harmonies somptueuses, les fleurs des champs couvertes de rosée lui semblent être des bijoux délicats. La musique grandiose le pénètre d'une joie intense, le chant des oiseaux, la vague qui déferle sur la grève, le bruissement léger de la brise dans le feuillage, le son de voix de la femme aimée et la cadence de son pas sont autant de caresses. Le contact d'une main fraîche et souple ou bien d'une étreinte chaude et puissante éveillent sa curiosité. Les narines ouvertes, il aspire le parfum des fleurs, l'odeur de la terre fraîche, les effluves de la mer, les senteurs de la forêt matinale et l'air pur lui semble être le parfum délicieux de la vie. Pour lui la pêche mûre a un goût de baisers et le baiser un goût de pêche mûre.

Comme il ressemble peu à tel touriste étranger qui promène son spleen d'hôtel en hôtel, de ville en ville, ne s'intéressant à rien, qui passe sans regarder, qui a horreur de toute espèce de bruit, qui ne perçoit que les odeurs mauvaises et dont l'unique attention semble se porter sur le capitonnage de son fauteuil ou sur le menu du chef. En comparant le sensoriel optimiste à l'asensoriel pessimiste il sera facile de comprendre quel est des deux le plus complet, le plus heureux.

En passant à un autre ordre d'idées, examinons l'influence que peut exercer l'éducation sensorielle sur l'exercice d'une profession ou d'un métier. Les excitations sensorielles perçues avec intelligence provoquent toujours un enchaînement d'idées conscientes. Prenons par exemple un médecin : il doit du premier coup d'œil deviner l'état général du malade. Pour établir le diagnostic il emploie la vue, l'ouïe et le toucher, il regarde, ausculte et palpe, et doit parfois même regretter que chez l'homme le sens de l'odorat se soit atrophié. Un chien reconnaît son maître par la vue, mais par plus de sûreté il le flaire : sa vue peut le tromper tandis qu'il est sûr de son odorat. Pour certaines personnes, d'ailleurs assez rares, chaque être humain a son odeur spéciale : l'un sent le géranium, un autre la fleur de ricin ou la feuille de fougère, un autre l'andrinople, un autre le fauve, un autre l'alcool ; ces odeurs associées au tempérament et changeant suivant l'état de santé sont des indications analogues à celles obtenues par le caractère dans l'écriture. Un médecin connu, le Dr X..., prétend distinguer à l'odorat les personnes qui dorment la fenêtre ouverte de celles qui dorment la fenêtre fermée.

C'est par les sens que nous sommes reliés à la vie, que nous vibrons à la beauté et à l'harmonie, que nous pouvons observer, comparer, nous instruire, et si jusqu'à ce jour l'éducation sensorielle n'a pas eu droit d'existence, c'est à cause de l'esprit faussement spiritualiste qui imprègne encore toute notre philosophie.

On ne saurait, dans l'éducation de la Démocratie, attacher trop d'importance à l'éducation sensorielle qui est aussi nécessaire aux métiers qu'aux professions, sinon plus. Il n'existe pour ainsi dire pas de métier dans lequel la précision de la perception sensorielle ne joue pas un rôle important. Exemple : la modiste doit percevoir les nuances délicates et concevoir leur harmonie ; de la délicatesse de son toucher dépend le cachet du nœud de rubans. Le cuisinier est d'autant plus artiste que ses sens sont plus affinés. Dans beaucoup de métiers le sens du toucher s'exerce par l'intermédiaire de l'outil, par exemple chez les tourneurs, les bijoutiers, les menuisiers ; et l'ouvrier est d'autant plus apte à devenir ouvrier d'art, que son éducation sensorielle est plus complète. La qualité sensorielle du travail de l'ouvrier influe sur le goût du patron et vice-versa et le goût du public lui-même subit l'influence du travail de l'ouvrier.

Les théoriciens raisonnent sur les résultats enregistrés par les sensoriels et l'on peut dire que l'éducation sensorielle éloigne l'homme du rustre pour le rapprocher de l'artiste.

Il ne faut pas confondre la perception sensorielle avec la sensualité qui est d'ordre psychique et moral. La sensualité est nécessaire dans une certaine mesure au sentiment artistique ; elle n'est démoralisante que lorsque la jouissance exagérée des perceptions sensorielles s'exerce au détriment des qualités d'action.

On peut être sensoriel sans être sensuel. Le braconnier, par exemple, qui est un sensoriel accompli, n'est pas, de ce fait un sensuel.

Il ne faut pas non plus confondre l'acuité de perception avec la précision et la rapidité de perception. Chez le marin, par exemple, qui est obligé de développer le sens de la vue, l'acuité seule est insuffisante. Il ne lui suffit pas d'apercevoir un objet de loin ; il faut le reconnaître c'est-à-dire voir avec précision, différencier avec rapidité.

Lorsqu'un médecin a le sens de l'ouïe affaibli, il peut se servir pour l'auscultation du phonendoscope, instrument qui décuple l'intensité du son. Mais cet instrument ne saurait remédier au manque de précision dans la perception auditive et de cette précision dépend la précision du renseignement obtenu.

C'est chez l'enfant très jeune que l'éducation sensorielle doit commencer. Les méthodes à employer sont probablement à créer. On pourrait d'abord dans des promenades champêtres s'efforcer d'attirer l'attention des enfants sur la forme et la couleur des objets, éveiller leur curiosité sur les mille bruits et senteurs de la nature, leur faire goûter les fruits et les herbes en établissant des comparaisons. Mais on pourrait peut-être, en outre, créer une sorte de contrepoint sensoriel, gradué et progressif, dans le même ordre d'idées que le contrepoint en musique ou que la gymnastique intellectuelle provoquée par l'étude des mathématiques supérieures, souvent sans utilité pratique. Après avoir développé les sens séparément on établirait des exercices dans lesquels entreraient la combinaison simultanée de toutes les facultés sensorielles.

Pour développer la perception de la vue chez l'enfant en bas âge, on pourrait avoir, par exemple, des boîtes de bâtons colorés de couleurs simples et donner comme problème à l'enfant de séparer les couleurs ; ensuite introduire des tons intermédiaires et arriver progressivement à une graduation semblable à celle d'une boîte complète de pastels ; ensuite provoquer des harmonies de couleurs. Pour l'oreille faire entendre de la musique et enseigner le solfège ; apprendre à moduler la voix et à parler sur le timbre sans crier. Des méthodes analogues seraient employées pour le développement des autres sens.

L'étude de l'éducation sensorielle demanderait à être longuement développée.

L'ÉDUCATION ARTISTIQUE

L'ART est la coordination intelligente des perceptions sensorielles, en vue d'un idéal de beauté et d'harmonie. Les
facultés acquises par l'éducation sensorielle doivent être
utilisées dans un but artistique, jusqu'à présent l'art s'est
réfugié sur les sommets nuageux inaccessibles aux non initiés. Le
devoir de la Démocratie est de mettre l'art à la portée de toutes les
intelligences, de le faire pénétrer dans les moindres détails de la vie
et de chercher à faire de la vie elle-même une œuvre d'art.

Il est à peu près inutile de faire admirer à un simple cultivateur
des tableaux de maître dont la beauté relevant de l'abstraction lui
échappe totalement. Il serait, par contre, très utile de lui enseigner
à se créer un modeste intérieur propre, sain, gai, confortable et harmonieux.

Le secret de l'art est l'harmonie à laquelle on doit viser toujours
par les moyens les plus simples. Il faut chercher à s'entourer d'objets en harmonie avec soi-même, avec sa propre façon de vivre, et
chercher aussi à se mettre en harmonie avec le milieu ambiant. Une
chambrette aux murs blanchis à la chaux, simplement meublée,
peut avoir un cachet artistique si l'on y respire une atmosphère
d'harmonie ; de même qu'une pièce richement meublée peut être
anti-artistique si elle n'est pas en harmonie avec les mœurs et les habitudes des occupants. La toilette la plus simple peut être une œuvre d'art si le couturier est artiste et le costume masculin pourra
devenir une œuvre d'art le jour où les tailleurs et le public auront
reçu une éducation s'inspirant d'un idéal de beauté et d'harmonie.

C'est dès le début de l'éducation qu'il faut donner aux enfants des
notions artistiques, leur enseigner à regarder, à comparer, leur faire
comprendre qu'il y a plusieurs manières de faire chaque chose, que
ce n'est jamais assez bien et que cela pourrait toujours être mieux.
C'est, dès la plus tendre jeunesse et par mille détails insignifiants

en eux-mêmes, qu'il faut faire pénétrer dans l'inconscient le sentiment d'harmonie en toutes choses. Il faut encore là procéder du concret à l'abstrait, du particulier au général, n'expliquer la théorie qu'après avoir obtenu le résultat. La notion d'art, même à l'état rudimentaire, ne pourra qu'améliorer le travail de l'ouvrier, le rendre plus précis, plus élégant, plus sincère. Il faudra surtout compter sur l'influence quotidienne de l'éducateur qui devra, lui-même, posséder le sentiment de l'art et être mû par l'idéal de la beauté et de l'harmonie.

L'ÉDUCATION PHYSIQUE

L'ÉDUCATION physique est généralement confondue avec le développement musculaire qui n'en est qu'une conséquence secondaire au point de vue éducatif. Il importe de réagir contre cette erreur et de renoncer définitivement aux anciennes classifications théologiques de l'esprit et de la matière, de l'âme et du corps, du spirtiuel et du charnel. La classification nouvelle est le conscient et l'inconscient. Le but éventuel dans l'éducation physique doit être le développement et l'harmonie du système nerveux, ainsi que la coordination de ses manifestations. Un certain développement musculaire en sera forcément la conséquence.

Les muscles et les tissus seraient inertes sans le jet d'influx nerveux provenant de l'inconscient qui leur insuffle la vie. La force d'un muscle dépend surtout de l'intensité de l'influx nerveux qui provoque sa contraction.

L'objectif immédiat et principal de l'éducation physique doit être d'arriver à la différenciation des muscles. Par différenciation des muscles, il faut entendre la faculté de mettre en tension un muscle ou un groupe de muscles en laissant à l'état de relâchement le muscle ou le groupe voisin. Au point de vue physiologique, l'inconscient qui lance son influx nerveux dans les différents muscles peut se comparer à un électricien de théâtre qui ouvre et ferme ses commutateurs afin de produire des effets de lumière complexes et variés : cet électricien doit agir avec rapidité et précision. Exemples de différenciation : le pianiste doit pouvoir actionner un doigt en laissant les doigts voisins à l'état de relâchement ; un escrimeur doit doigter sans raidir le bras ; un chanteur doit pouvoir mettre en tension les cordes vocales, tout en laissant à l'état de relâchement les muscles du larynx, du pharynx et de la langue. Le rustre inculte peut parfois assommer un bœuf d'un seul coup de poing, mais il ne peut pas produire un travail complexe. Son énergie physique est comme un bloc qu'il est incapable de détailler. C'est la différenciation qui donne l'adresse, la souplesse, la grâce. C'est par la différenciation des muscles qu'on arrive le plus rapidement au maximum de résultat avec le minimum de fatigue et d'usure.

Parmi les exercices physiques courants, les uns ont pour unique résultat le développement musculaire. Exemple : soulever des poids lourds. D'autres, développent surtout la rapidité de pensée instinctive, la précision dans l'exécution, l'adresse, l'ingéniosité sans développer les muscles. Exemple : la conduite d'une automobile en course.

Nous trouverons, en cherchant, toute une gamme d'exercices physiques dont le but variera. Ce but sera essentiellement matériel lorsqu'il visera uniquement à l'augmentation des tissus musculaires inertes ; il deviendra presque immatériel lorsqu'il visera à la coordination des émissoins d'influx. Il sera donc plus matériel lorsqu'il visera au développement de la force brutale, plus immatériel lorsqu'il visera à l'adresse et à l'ingéniosité. Au lieu d'employer des méthodes abstraites pour arriver à des résultats concrets, on emploiera, dans l'avenir, des moyens physiques pour coordonner les causes immatérielles de nos aspirations intimes et de nos actions instinctives.

L'éducation physique ne doit pas être dirigée par de simples athlètes. Elle doit, au contraire, devenir un objet de sollicitude de la part des hommes de science les plus éminents qui devront être à la fois physiologistes, psychologues, philosophes et sportsmen. De l'idéal philosophique poursuivi dépendront les méthodes à employer pour former des êtres complets et en harmonie avec eux-mêmes.

L'éducation physique devra commencer dès la plus tendre jeunesse, être coordonnée, graduée, progressive et variée, et se développer parallèlement aux études purement intellectuelles. Tout au début, elle visera plutôt à développer le sentiment d'harmonie ; par la suite elle visera plutôt à la combativité courtoise, l'énergie, la rapidité d'exécution, l'adresse.

Pour tout examen ou concours d'ordre intellectuel, on devra, dans l'avenir, exiger le certificat d'études physiques correspondant au degré d'instruction intellectuelle, de même qu'on exige actuellement l'acte de naissance. Ce certificat devra n'avoir, pour le moment, aucune influence sur l'obtention d'un diplôme de capacité intellectuelle. Mais un homme qui, depuis sa plus tendre enfance, aura suivi la progression des cours d'éducation physique sera forcément autre que celui dont l'éducation physique aura été totalement négligée.

On reconnaîtra, par la suite, que les études physiques établies sur un programme nouveau, dont un des objectifs sera de provoquer par des réflexes la production de la pensée spontanée, ne nuiront en aucune façon au développement purement intellectuel et qu'elles en seront, au contraire, un puissant adjuvant.

Les réflexes de l'inconscient exercent sur le cerveau une influence considérable. Le problème de ces manifestations, qu'on pourrait appeler « réflexes immatériels » est encore hypothétique et plein d'obscurité. Mais il est tellement important au point de vue « éducation » qu'il donnerait utilement lieu à une étude spéciale.

LES JEUX SCOLAIRES

AUTREFOIS les jeux scolaires existaient à peine en France. Lorsque leur avantage a été reconnu on a adopté, un peu au hasard, des jeux importés de l'étranger au lieu d'en créer de nouveaux. On ne s'est peut-être pas rendu compte de l'influence que les jeux peuvent exercer sur le caractère. Ainsi le foot ball, actuellement très en vogue, est loin d'être un idéal : il développe beaucoup trop la brutalité agressive. Aux yeux de certaines personnes, le but principal des jeux est atteint lorsque les élèves s'agitent en plein air, développant ainsi leurs muscles et leurs poumons. Mais on développe encore mieux les muscles en soulevant des poids et les poumons en faisant des exercices spéciaux de respiration profonde.

Les jeux doivent être éducatifs et sont intimement liés à l'éducation physique. Il y a toujours avantage à pratiquer un exercice sous forme attrayante. Dans un but d'éducation physique, les jeux seront gradués et progressifs, c'est-à-dire préparatoires les uns aux autres et augmenteront en difficulté avec l'âge des élèves.

La création de ces jeux progressifs devant conserver un caractère attrayant et contribuant à l'éducation physique, morale et intellectuelle, ne peut être l'œuvre d'un jour ni même l'œuvre d'un seul. Elle demandera au contraire le concours de toutes les intelligences et de toutes les bonnes volontés ; elle demandera aussi du temps.

Dans les jeux nouveaux, il ne faudra pas oublier la danse qui peut devenir un sport artistique, attrayant et excellent pour la santé.

Lorsqu'on assiste de nos jours à un bal mondain, on est obligé d'y constater un naïf étalage d'ignorance physique. Les gens du monde, quand ils dansent, sont en bois et les paysans en plomb.

La danse scolaire de l'avenir consistera en une série d'exercices de souplesse exécutés au son de la musique, en utilisant toute la gamme des combinaisons, depuis le danseur isolé jusqu'au groupe-

ment de milliers d'élèves exécutant des exercices d'ensemble aux
sons d'un orchestre puissant. Les exercices d'ensemble exécutés actuellement par les sociétés de gymnastique au son de la musique,
ainsi que la Fête des Vignerons qui a eu lieu dernièrement à Lau-
sanne et à laquelle ont pris part de nombreux paysans, permet déjà
de concevoir des fêtes scolaires du même caractère, consacrant une
éducation physique, progressive et scientifique.

Le résultat de jeux scolaires bien compris servira de préparation
au service militaire et aussi aux jeux des adultes, auxquels l'Etat a
le devoir de s'intéresser. Le travail est indispensable à l'homme ;
mais il est nécessaire aussi que l'homme s'amuse et il est bon qu'il
ait acquis, étant jeune, de bonnes notions sur les façons de s'amuser sans porter atteinte à la liberté d'autrui.

L'ÉDUCATION MORALE

L A question de l'éducation morale est particulièrement difficile à traiter succintement ; elle découle en grande partie
de l'idéal philosophique poursuivi. Elle différera essentiellement, selon qu'on visera à un idéal d'harmonie ou à
un idéal de combat et de domination.

On a pu comprendre par ce qui précède que la culture de l'inconscient développe l'initiative instinctive. Le développement de la volonté consciente semble actuellement vouloir devenir le but de l'éducation morale : ce thème est à l'ordre du jour. Doit-on dans une démocratie développer la volonté consciente sans réserve et sans précautions ?

Réussir coûte que coûte, à force de volonté opiniâtre, écarter de
son chemin tout obstacle au but à atteindre, écraser les autres, triom-
pher soi-même : telle est la doctrine prêchée actuellement. Le finan-
cier milliardaire qui a amassé sa fortune par ses propres efforts a
toujours marché droit à son but : gagner de l'argent sans laisser
intervenir le sentiment ; il a réussi à s'approprier l'argent des autres, sa fortune s'échaffaude sur des centaines de ruines ; par sa volonté tenace il a triomphé. Gloire au vainqueur ; *vae victis !*

Est-ce là la doctrine que doit enseigner l'Etat démocratique ? Doit-
il armer les citoyens les uns contre les autres, dans un but de combat, pareils à des gladiateurs ?

La loi de la nature est la lutte pour la vie, la destruction du faible
par le fort, la survivance du plus apte. N'est-il pas permis aux hommes de caresser l'espoir de pouvoir un jour se différencier des ani-
maux, s'élever au-dessus de cette loi inexorable, faire tendre leurs
efforts vers le bien de tous sans espoir de récompense ultérieure, de
pouvoir vivre en harmonie ?

Autrefois surtout, un idéal très populaire en Angleterre, était le
bull dog, chien féroce et tenace. Cet idéal pourrait-il convenir à la
France dont l'esprit est généreux et artiste ?

L'Etat ne doit pas protéger l'un au détriment de l'autre : il doit viser au bien de tous. Quel avantage y a-t-il pour chacun d'être mieux armé s'il trouve chez son adversaire des armes également perfectionnées ? C'est aux Etats-Unis que l'éducation de la volonté s'est le plus nettement dessinée. Nulle part la lutte pour la vie n'est aussi intense, aussi féroce. L'individu est-il plus heureux là qu'autre part; est-il plus artiste, plus cultivé ? Et les vaincus, les victimes de la bataille ? Est-ce pour eux la félicité ?

La plus nette partie de la volonté humaine s'épuise à combattre des volontés contraires. L'effort utile au progrès est infiniment petit comparé à l'effort gaspillé en luttes stériles.

Qu'est-ce chez l'homme, que la volonté lorsqu'elle ne lutte pas contre les volontés contraires ? Est-ce la lutte contre ses propres instincts, contre ses propres inclinations ? Il faut se rappeler que celui qui est dur pour lui-même est généralement dur pour les autres. Ne vaut-il pas mieux être bon pour soi-même et bon pour les autres ; chercher à se rendre utile et agréable à soi-même, utile et agréable aux autres ?

Le mot « volonté » n'aurait-il pas avantage à être remplacé par les mots « initiative individuelle, persévérance, enthousiasme ? »

Ne peut-on pas avoir un idéal de beauté et d'harmonie, concevoir pour l'avenir des hommes à la fois puissants et délicats, intelligents et bons, courageux et tendres, combatifs et courtois, sportsmen et intellectuels, artistes et artisans ?

Si d'un côté on développe une volonté intense accouplée à un inconscient inculte on aura un homme en lutte constante avec lui-même et avec les autres ; au contraire, par une éducation appropriée de l'inconscient, il pourra être porté d'instinct à vivre en harmnoie avec les autres, si le milieu ambiant s'y prête.

Ne vaut-il pas mieux, par une éducation spécialement établie dans ce but, chercher à mettre les instincts en harmonie avec le raisonnement conscient, de façon à ce que l'homme ait précisément envie de faire ce qu'il reconnaît instinctivement être juste ?

Les grandes œuvres qui ont fait vibrer l'humanité ont-elles été inspirées par l'enthousiasme désintéressé ou bien par l'ambition personnelle ?

Ne faudrait-il pas avant de pousser l'individu au développement de sa volonté égoïste, étudier dans quelle mesure ses appétits seront compatibles avec l'harmonie sociologique ?

L'ÉDUCATION INTELLECTUELLE

Si l'éducation générale doit commencer par l'éducation de l'inconscient, qui, au début, absorbera la presque totalité des efforts, on y introduira progressivement la culture purement intellectuelle, qui à la fin des études, deviendra la préoccupation principale et presque exclusive de l'éducateur. Greffée sur un inconscient sain, bien établi, et cultivé, l'éducation intellectuelle sera plus féconde et plus facile.

En s'inspirant des principes déjà énoncés, il y aura probablement lieu, en bien des cas, de renverser la méthode actuelle ; c'est-à-dire de procéder du particulier au général, du concret à l'abstrait, de l'inconscient au conscient.

Dans l'éducation démocratique, on devra chercher à obtenir le maximum de résultat avec le minimum de fatigue et d'usure ; c'est-à-dire employer les moyens les plus simples pour arriver, le plus rapidement possible, au but visé. La culture intellectuelle doit être utilitaire d'abord et avant tout ; elle doit en outre comporter la conception d'un idéal de beauté et d'harmonie irréalisable, destiné à lui donner une tonalité noble et joyeuse. Il faudra éliminer ou mettre au dernier plan les études sans utilité pratique et sans rapport avec l'idéal poursuivi.

On objectera peut-être que certaines études, inutiles par elles-mêmes, peuvent servir de gymnastique intellectuelle. Mais il faut songer que cette gymnastique pourrait tout aussi bien être faite par l'acquisition de connaissances utiles. Le temps consacré aux études est limité et un certain effort cérébral de la part de l'élève ne peut être dépassé sans danger. Il y a donc lieu de trier et de tailler dans le programme des études, de telle sorte que chaque heure de travail soit représentée par une certaine somme de connaissances utiles et définitivement acquises. La somme des connaissances nécessaires à une culture générale assez avancée pourrait probablement se résumer en cent volumes.

Nous avons déjà vu qu'une connaissance n'est définitivement acquise que lorsqu'elle a pénétré dans l'inconscient. Il faudra donc employer les moyens les plus simples pour toucher l'inconscient. Exemple : si voulant enseigner à un enfant que les deux côtés d'un triangle sont plus grands que le troisième, on lui développe le théorème de gémoétrie, il comprend difficilement et oublie très vite : il n'a rien acquis. Si au contraire on lui fait, lui-même, construire un triangle avec trois allumettes en bois il comprend presqu'aussitôt et n'oublie jamais.

Le meilleur professeur est celui qui arrive au maximum de résultat avec le minimum de travail de la part de l'élève.

Dans bien des cas, le certificat d'études pourrait remplacer le diplôme ; trop souvent l'examen préparé à la hâte est accompagné de surmenage intellectuel. Au bout de trois mois, le nouveau diplômé a presque tout oublié ; les connaissances n'avaient pas atteint l'inconscient et le résultat est sans utilité. L'éducation intellectuelle doit se faire lentement et progressivement sans fatigue et sans surmenage.

L'éducateur devra, non seulement cultiver l'esprit de l'élève, mais il devra aussi lui enseigner à apprendre, lui enseigner à s'instruire lui-même avec méthode et en employant toujours les moyens les plus simples et les mieux appropriés au but à atteindre, lui enseigner à raisonner juste en toutes choses, encourager son initiative par la résolution de problèmes variés et imprévus, développer son caractère et le pousser à avoir des opinions personnelles. En vue d'un idéal d'harmonie on ne doit pas chercher à couler toutes les intelligences dans le même moule : il faut différencier et harmoniser.

L'éducateur devra chercher à former des intelligences puissantes, fécondes et délicates, développer l'enthousiasme désintéressé, amener sur l'arène des êtres pleins d'ardeur et de courage, des optimistes persuadés que le monde progresse, que c'est en avant qu'il faut regarder et non en arrière, persuadés de la possibilité pour chacun de contribuer au progrès et au bien de tous, tout en assurant largement sa propre existence. La désillusion viendra peut-être avec l'âge, l'homme mûr restreindra ses espérances ; mais les efforts provoqués par l'enthousiasme désintéressé laissent toujours sur l'esprit une empreinte élevée et noble.

LA SÉPARATION DES SEXES

IL n'y a pas d'inconvénient à élever ensemble les enfants très jeunes ; il y a au contraire avantage. Mais, dès l'approche de la puberté, il est nécessaire de séparer les sexes et de différentier les études. Les raisons en sont multiples.

Les inconvénients de la promiscuité, au moment de la puberté, sont trop connus pour qu'il soit nécessaire d'insister. Il existe, il est vrai, une école de gens qui croient, au contraire, que la fréquentation quotidienne des deux sexes crée une atmosphère de camaraderie défavorable à l'éclosion du désir sexuel. Cette théorie ne peut certainement pas s'appliquer à la race latine. De plus, l'indifférence sexuelle n'est pas à souhaiter. On ne doit pas viser à l'égalité mais bien à l'harmonie. La vierge forte est une anomalie, un contre-sens, au même titre que l'homme efféminé. Chaque sexe a ses qualités, ses attributions. La femme n'est ni l'égale ni l'inférieure de l'homme : elle en est le complément harmonique. Lorsque l'homme revient du combat harrassé et meurtri, le rôle de la femme est de déboucler son armure, de panser ses plaies et de lui insuffler à nouveau le courage pour le combat du lendemain. La femme doit être une amoureuse et une mère de famille, l'homme un combattant vaillant et un enthousiaste. Il faut créer des femmes tendres, aux yeux doux et des hommes courageux. Pour les bien différentier, leur éducation ne peut être la même. La femme aura à s'occuper de son intérieur et de l'éducation des jeunes, tandis que l'homme sera absorbé par ses affaires. C'est la femme surtout qui devra être artiste, éprise d'un idéal de beauté et d'harmonie. Son éducation physique devra être aussi complète que celle de l'homme, mais ses études générales prendront une orientation différente.

Dans le mariage, la félicité entre époux dépend beaucoup plus de l'harmonie de leurs instincts et des attractions réciproques de leur inconscient que de la similitude de leur culture intellectuelle. C'est pourquoi la félicité conjugale échappe si souvent à l'analyse.

Il y aura, toutefois, avantage à réunir fréquemment les jeunes gens et les jeunes filles dans des fêtes sportives destinées à mettre en valeur leur éducation physique et à faire naître entre eux des amitiés tendres et loyales.

LA PRÉPARATION A L'AMOUR

DANS une démocratie libérale et généreuse, l'amour ne doit plus être considéré comme un fruit défendu, comme un sentiment qu'on doit envelopper d'un voile de mystère, comme une manifestation tour à tour noble et honteuse. Le péché originel, la tentation de la chair, attribué à l'esprit du mal et associé à un sentiment de honte, sont des doctrines qui avilissent l'amour et qu'il importe de reléguer dans les annales du passé.

L'amour chanté par tous les poètes et cependant cause de tant de larmes, joue dans la vie un rôle trop considérable pour que la Démocratie puisse l'ignorer dans l'éducation. Il ne faut plus que l'adolescent sortant du lycée, ignorant tout de l'amour soit tenté, pour s'instruire, de s'adresser à des livres pornographiques ou à des femmes de mauvaise vie. Il ne faut plus que la jeune fille au cœur plein de confiance et de tendresse puisse, par suite de son ignorance, devenir le jouet d'un séducteur déloyal. Il faut au contraire expliquer dans les écoles ce qu'est l'amour, quelles en sont les joies, quels en sont les dangers ; faire sur l'amour un cours spécial, traité d'une façon scientifique en expliquant les choses complètement et simplement, faisant naître ainsi chez l'adolescent un sentiment d'aversion pour tous les sous-entendus égrillards ou paillards.

On devrait enseigner que l'amour est la source des plus grandes joies et des plus grands dévouements comme aussi la source de grandes souffrances ; que l'amour est une attraction mutuelle émanant de l'inconscient, une attirance encore inexpliquée, due peut-être à un échange d'effluves immatérielles ; que c'est par l'amour qu'on vibre d'enthousiasme ; que pour celui qui aime le cœur se remplit d'allégresse, la nature semble plus belle et la vie plus douce et plus joyeuse ; que l'amour donne la joie tandis qu la haine remplit le cœr de fiel ; que l'amour est d'autant plus élevé qu'il est plus immatériel et plus séparé de l'idée de possession.

On devrait aussi enseigner, à l'âge voulu, la théorie de la procréation et celle des désirs sexuels provoqués par l'instinct de la conservation de l'espèce ; bien faire comprendre que ces désirs sont normaux et n'ont rien de honteux, qu'au contraire, leur absence impliquerait un mauvais état de santé ; enseigner les soins de propreté nécessaires aux organes génitaux, indiquer les précautions à prendre pour ne pas contracter de maladies vénériennes et enfin insister sur le danger, pour sa propre santé et celle des autres, de maladie contractée et non soignée.

Il faudrait que dans une démocratie s'inspirant d'un idéal de beauté et d'harmonie, l'amour prît une tonalité noble et que seule la haine fût honteuse.

L'ÉCOLE ENFANTINE

Les impressions toutes premières semblent laisser sur l'organisme et le caractère une marque indélébile. Il est, en effet, bien difficile, chez l'homme et même chez l'adolescent, d'effacer la trace d'une mauvaise éducation première.

Il faudrait multiplier et développer les écoles enfantines dans lesquelles les enfants seraient guidés avec intelligence, soignés avec sollicitude dès leur plus tendre jeunesse. Dans ces écoles, pas d'hommes abstraits au visage sévère et habillés de noir ; pas non plus de matrones austères. Au contraire, des femmes jeunes et autant que possible jolies, des femmes tendres aux yeux doux, des visages frais et souriants et des toilettes claires. Il faut ouvrir toute grande la fenêtre des écoles enfantines, laisser entrer la joie, laisser pénétrer la vie, faire naître l'instinct de la beauté et de l'harmonie. Il faut créer des locaux clairs, harmonieux, artistiques, aux couleurs fraîches, où l'air soit toujours pur, où cela sente bon. On a déjà reconnu dans les usines l'influence néfaste de certaines couleurs telles que le rouge vif sur l'esprit des ouvriers. Il reste encore à étudier l'influence bienfaisante des harmonies de couleurs tendres sur l'inconscient de l'enfant très jeune.

Rappelons-nous que celui qui, étant jeune, a été maltraité, cherchera plus tard à maltraiter les autres ; que celui qui n'a pas été aimé aimera difficilement. On rend plus tard ce qu'on a reçu étant jeune. Pour former des hommes aimants, il faut prodiguer les caresses aux enfants et se faire aimer d'eux.

C'est pendant l'extrême jeunesse que s'acquièrent le plus facilement les habitudes bonnes ou mauvaises, que se créent le plus facilement les reflexes artificiels. Pendant l'extrême jeunesse les instincts héréditaires sont relativement malléables.

Dans l'éducation des enfants très jeunes, il faut s'occuper surtout de l'inconscient, s'efforcer de créer des reflexes durables, y arriver sans menaces, par la persuasion et par le milieu ambiant.

L'école enfantine devra garder les enfants jusqu'à l'âge de l'école primaire et lui servir de préparation. Les enfants arriveront ainsi à l'école primaire déjà dégrossis, ayant une certaine éducation générale et sachant lire et écrire. Leur intelligence et leur curiosité auront déjà été éveillée par l'éducation première, qui se sera développée dans une atmosphère de gaîté et d'harmonie. A l'école enfantine, il faudra déjà chercher à développer l'individualité de l'enfant, tout en l'habituant à vivre en harmonie et sans querelles avec ses camarades.

Très souvent dans notre société on étouffe l'individualité de l'enfant, on le tient trop en laisse. Pour qu'il ne se fasse pas mal en tombant on prend toutes les précautions possibles pour qu'il ne tombe pas. Il faut, au contraire, pour développer son initiative, lui apprendre à tomber sans se faire de mal et à se relever par ses propres moyens.

Certains enfants dont l'éducation a été dirigée dans ce sens arrivent à s'habiller seuls et même à monter à bicyclette à des âges incroyablement jeunes. C'est une affaire de doigté de la part de l'éducateur ou plutôt de l'éducatrice.

Il faudra, par tous les moyens, chercher à éveiller la curiosité des enfants sur toutes les choses qui les entourent, provoquer des questions de leur part, y répondre sincèrement, les habituer à regarder, comparer et réfléchir ; leur donner des petites responsabilités le plus tôt possible, tout cela sans les laisser gagner à la main, sans les laisser devenir tyrans. Il ne faut cependant pas trop chercher à apprendre aux jeunes enfants à obéir aveuglément. Il vaut mieux les pousser à avoir de l'initiative, à être débrouillards, à accepter la responsabilité de leurs actes, à être bons, justes et loyaux. Ils subiront instinctivement l'ascendant moral de l'éducateur et cela, d'autant plus qu'ils auront acquis le sentiment de leur propre responsabilité.

L'audition de jolie musique gaie, la pratique d'exercices en commun, les jeux très simples et combinés de façon à ce que l'esprit de sociabilité, d'équité et de courtoisie en soient les principes directeurs, faciliteront beaucoup la discipline intérieure d'une école enfantine d'où les menaces mensongères du loup-garou et du gendarme devront être bannies. « De la patience, beaucoup de sourires et de caresses, peu de reproches », telle devra être la devise des jeunes femmes cultivées qui se dévoueront à l'éducation première de la démocratie future.

Il ne sera pas possible ici de s'étendre beaucoup sur le sujet de l'éducation première, dont une partie découlera logiquement des principes déjà énoncés dans les chapitres précédents. Certains détails cependant qui n'ont pas encore été mentionnés pourront avoir leur intérêt.

Il faudra d'abord enseigner aux enfants à marcher ; pas seulement à marcher sans tomber, mais à marcher avec élégance et souplesse, en vue de former éventuellement des êtres à l'allure noble et fière. Il faudra aussi leur enseigner, dès que l'âge le permettra, à respirer profondément par le nez. Il n'existe pas un homme sur cent, qui remplisse complètement les poumons et cela, par suite de manque d'éducation respiratoire pendant la jeunesse. Il faudra veiller à ce que la respiration se fasse toujours par le nez et en cas de difficulté par suite de passages trop étroits ou de végétations adénoïdes, il faudra provoquer une intervention immédiate. Les végétations adénoïdes, très fréquentes chez les enfants, ont une influence néfaste sur leur développement intellectuel et sur celui du thorax ; et l'état des fosses nasales semble, par suite de réflexes, avoir des rapports avec celui de l'intestin. Seules les personnes qui respirent par le nez possèdent une expression sereine et une voix agréable ; les autres ont généralement une expression anxieuse et spéciale.

Il faudra aussi veiller à la position des enfants pendant le sommeil, leur apprendre à dormir avec sérénité, les muscles relâchés. Ces détails ont une grande importance au point de vue physiologique ; lorsque l'enfant endormi respire, avec tous les muscles à l'état de relâchement complet, cela implique d'abord un intestin en bon état ; il y a de plus différentiation dans les centres nerveux de l'inconscient. On a déjà vu que cette différentiation du commandement nerveux sera le but principal de toute l'éducation physique.

Enfin, le plus tôt possible et dès que l'âge le permettra, il faudra enseigner aux enfants à se peigner et à se laver eux-mêmes ; pas à se débarbouiller mais à se laver complètement et soigneusement, en leur faisant comprendre, dans ce détail comme dans tous les autres, que ce qu'on fait n'est jamais assez bien et que cela pourrait toujours être mieux, en vue d'un idéal de beauté irréalisable. De ces soins de toilette, commencés dès le jeune âge, devra naître l'instinct de la propreté en toutes choses. Il faudra insister sur la propreté pendant toute la durée des études, afin qu'elle finisse par passer à l'état d'instinct inhérent à la race : que la propreté devienne en France une vertu nationale, ainsi qu'elle l'est au Japon. Le préjugé de la pudeur devra s'effacer devant l'idéal de la beauté et de l'harmonie. Les Japonais, propres par instinct et très artistes, trouvent odieux certains puritains européens, honteux de leur propre corps et incapables de voir le corps des autres sans être aussitôt assaillis par des pensées licencieuses dont ils se plaignent avec ostentation. Il faudra aussi habituer les enfants à nettoyer et à plier eux-mêmes leurs vêtements, en vue de leur donner des habitudes d'ordre et de soin qui seront développées au cours des études suivantes.

Pour les études s'adressant à l'inconscient, les projections cinématographiques pourront être d'une grande utilité, en choisissant des sujets attrayants, spécialement établis dans ce but et adaptés aux facultés de l'enfant.

Il y aurait avantage à établir pour l'enfant, dès son entrée à l'école enfantine, un livret de santé qui ferait partie de son état-civil et le suivrait pendant toutes ses études. Dans ce livret seraient consignées les maladies et les tendances aux maladies. Du premier coup d'œil, par la suite, le médecin verrait immédiatement l'historique de la santé et du tempérament du sujet. Ce livret de santé serait d'une grande utilité pour les statistiques.

L'ÉDUCATION PRIMAIRE

L'ECOLE primaire, suite de l'Ecole Enfantine, devra surtout et avant tout s'adresser à l'inconscient et viser tout au moins autant à l'éducation qu'à l'instruction.

N'oublions pas que l'Ecole primaire ne peut donner qu'une ébauche d'instruction, que le raisonnement issu d'une instruction primaire sera forcément rudimentaire et que si l'homme ayant reçu une instruction complète peut commettre des erreurs de jugement issues d'un raisonnement faux dans ses conclusions, à plus forte raison celui qui n'a reçu qu'une instruction rudimentaire est incapable de juger juste en ne s'appuyant que sur le raisonnement analysé. Les facteurs, dans les problèmes de l'abstraction, sont multiples et souvent incertains, et la meilleure preuve que le raisonnement analysé n'est pas infaillible est qu'on voit journellement des hommes de haute valeur intellectuelle soutenir chacun des opinions diamétralement opposées, par exemple en politique.

Ceux qui ne recevront qu'une instruction primaire représentent la masse et il importe avant tout que cette masse soit foncièrement honnête et bienveillante et qu'elle le soit instinctivement et en dehors de tout raisonnement.

Lorsque, dans un peuple, chaque individu analyse l'honnêteté et la bienveillance, lorsqu'il met en première ligne son intérêt immédiat, lorsqu'il n'a pour frein à sa convoitise que la crainte du gendarme, on peut dire que ce peuple est moralement bien malade, car lorsque l'individu commet une indélicatesse ou se livre à une grossièreté, il peut toujours en trouver l'excuse par un raisonnement approprié surtout lorsqu'il s'agit d'un primitif incapable de concevoir les conséquences ultérieures de son acte.

Il est indispensable, pour la masse du peuple, que les sentiments d'honnêteté, de bienveillance, de devoir, d'abnégation indispensables à l'harmonie de la communauté aient pénétré dans l'inconscient, c'est-à-dire soient devenus des sentiments indéracinables et plus forts que la raison.

L'homme du peuple n'ayant reçu qu'une instruction sommaire n'est pas capable d'étayer toutes ses actions sur le raisonnement pur et de faire lui-même sa propre éducation. Il faut que les sentiments premiers, indispensables au bonheur et à la grandeur d'une nation, soient acceptés par le peuple presque comme article de foi.

Seule, l'élite issue du peuple et qualifiée par de hautes études peut être compétente pour discuter et analyser les problèmes complexes et troublants de la psychologie. Encore faut-il que cette élite soit elle-même imprégnée dès son enfance des grands principes fondamentaux de beauté et d'harmonie.

L'éducateur primaire devra user de fermeté bienveillante plutôt que d'autorité, exalter les qualités plutôt que de sévir contre les défauts qui s'atténueront par le développement de qualités contraires ; il devra plutôt conseiller que critiquer, encourager que décourager, louer que blâmer ; il cherchera à faire naître l'enthousiasme et non la crainte. Son but doit être de créer des individualités, de former des hommes capables, pleins de confiance en eux-mêmes, courageux et optimistes. L'éducateur, pour arriver à ce résultat, devra être lui-même artiste, joyeux et optimiste.

Les études physiques se combineront avec la préparation aux métiers manuels et viseront à l'adresse et à l'ingéniosité plutôt qu'à la force brutale ; il en sera de même des jeux scolaires qui s'associeront aux études physiques.

Les terrains de récréation devront être bien tenus et garnis de fleurs que les élèves soigneront eux-mêmes : ce sera l'occasion pour l'éducateur de donner aux élèves des notions de culture et de botanique.

Les études intellectuelles devront être utilitaires et comporter sommairement la philosophie de l'histoire du monde, qui se combinera avec la géographie et partira de l'époque actuelle pour remonter progressivement en arrière. Les tableaux synoptiques et les projections devront être largement employés. Les éléments des sciences naturelles, sans oublier la physiologie, seront enseignés de préférence aux sciences abstraites. On y ajoutera des notions générales sur l'agriculture, l'industrie, le commerce et les arts.

On devrait aussi, à l'école primaire, enseigner un instrument de musique à chaque élève, en vue de la formation d'orchestre ou d'harmonies dont la multiplication doit être encouragée par l'État. La musique d'ensemble développe la sociabilité et le sentiment artistique, provoque la joie et remplit utilement les loisirs des adultes.

On pourrait objecter que le programme indiqué ici est trop chargé. Mais il faut se souvenir que l'école enfantine allègera beaucoup la tâche de l'éducateur primaire ; qu'en outre, on enseigne aujourd'hui et souvent mal, des connaissances sans grande utilité, employant à cet effet des moyens abstraits, compliqués, et qui n'ont d'autre raison d'être que l'observation de la tradition. Par l'emploi de moyens plus simples et plus logiques on arrivera plus rapidement à des résultats, ce qui permettra d'augmenter le programme des études sans fatiguer davantage l'élève.

L'ÉDUCATION SECONDAIRE

L'ÉDUCATION secondaire, destinée à la première sélection de l'élite, s'occupera plus spécialement du développement purement intellectuel. Les études physiques cependant continueront leur développement parallèle. Néanmoins elles revêtiront une forme plus élevée, plus élégante et plus en rapport avec les besoins futurs de l'élite intellectuelle.

Bien que l'analyse et le développement du conscient devienne désormais une des préoccupations principales de l'éducateur, il y aura cependant avantage à pratiquer dans une large mesure l'emploi des méthodes précédentes, c'est-à-dire procéder du particulier au général, du concret à l'abstrait.

Les mêmes règles morales que dans les chapitres précédents devront inspirer l'éducateur. Il faut qu'il songe sans cesse au but à atteindre. Former des hommes complets (καλοκάγαθος) c'est-à-dire des hommes instruits, intelligents, pleins d'initiative, bien élevés, aimables, cultivés, élégants, sociables, artistes, bons, justes, ingénieux, courageux, chevaleresques, joyeux, optimistes, adroits, souples, robustes et beaux : tel doit être son objectif dans la mesure du possible.

La tâche est difficile ; le temps consacré aux études est limité. Il faudra donc faire appel à tous les hommes les plus éclairés et les plus éminents pour étudier scientifiquement les méthodes les plus logiques et les plus rapides en vue du meilleur résultat. La science de l'éducation est encore dans son enfance. S'appuyant sur le principe de l'autorité on a trop fait appel à la contrainte, on a trop cherché à forcer les élèves à s'instruire sous une forme souvent insipide. Plus on rendra l'enseignement attrayant, plus l'élève travaillera avec plaisir, plus il apprendra et plus il se souviendra. C'est par la simplification des méthodes d'enseignement qu'on pourra augmenter le programme des études.

Au principe d'autorité, il faudra progressivement substituer le principe de l'harmonie. Il ne suffit pas que l'éducateur soit simplement craint : il importe qu'il soit aimé, estimé, admiré. Il faut pour cela qu'il soit lui-même un homme complet, qu'il représente aux yeux des élèves presqu'un idéal vers lequel ils tendront ; que l'éducateur soit en même temps l'ami, le confident et, en quelque sorte, le compagnon adulé des élèves et que la joie et l'enthousiasme animent le corps enseignant comme l'ensemble des élèves.

Sans entrer dans le détail du programme d'études, on peut se demander quelle part il y a lieu d'attribuer dans l'éducation secondaire aux études classiques. Un homme qui a fait ses humanités est différent d'un autre ; il possède une culture d'un cachet spécial ; c'est incontestable.

La forme littéraire est-elle donc le seul côté intéressant des civilisations anciennes ? N'est-ce pas plutôt l'histoire philosophique de ces civilisations qui est intéressante et qu'il faut étudier, mais à titre de document seulement.

L'amour contemplatif du passé transforme la pensée créatrice en un rêve nonchalent et paralyse souvent l'initiative indispensable à la marche en avant.

L'idéal n'est pas en arrière : il est en avant. Les yeux des jeunes doivent être fixés sur l'avenir et non sur le passé. L'idéal de beauté et d'harmonie qui inspirait les anceins peut et doit devenir le nôtre ; mais il gagnerait à êre formulé en français, en langage moderne et à être représenté, non pas comme un sentiment irrémédiablement perdu, mais bien comme un sentiment qu'il n'appartient qu'à nous de faire renaître plus puissant et plus délicat dans un épanouissement nouveau.

Il faut enseigner aux jeunes à avoir la foi dans l'avenir, à aimer la vie et à la vouloir belle et harmonieuse pour tous.

L'ÉDUCATION SUPÉRIEURE

L'ÉDUCATION supérieure ne pourra s'adresser qu'à une élite choisie et visera l'épanouissement complet de l'homme au point de vue physique, moral et intellectuel. Les études intellectuelles auront pour but d'augmenter la culture générale et on y ajoutera l'étude des connaissances spéciales ou techniques sur lesquelles se portera l'effort principal. Les études physiques continueront leur progression et se spécialiseront en vue de 'a profession visée.

Il faudra encore dans l'enseignement supérieur ou spécial procéder du particulier au général, enseigner d'abord l'indispensable, reléguer au dernier plan le superflu, et il faudra dans un but d'harmonie éviter de creuser un fossé entre le chef futur et le sous-ordre en donnant au premier des connaissances abstraites souvent inutiles au but visé. L'éducation du chef doit être de même nature que celle du sous-ordre, quoique plus complète dans tous ses détails.

Il y aurait lieu de réagir contre l'abus de l'abstraction pure, souvent superflue dans la pratique de la vie. Le raisonnement analysé, lorsqu'il est poussé à l'excès, lorsqu'il absorbe toutes les facultés s'exerce au détriment des manifestations de l'inconscient. L'abstraction pure est en antagonisme avec l'épanouissement de l'art qui doit être spontané et impulsif. La musique abstraite n'émanant que de combinaisons péniblement analysées ne provoque pas la joie. Pour qu'elle soit belle et féconde, il faut que la musique soit spontanée, qu'elle hante et poursuive le compositeur, qu'elle émane de l'inconscient devenu musicien à la suite d'études longues et complexes. Dans toutes les branches de l'art il faut que l'artiste ait des impulsions instinctives, des réflexes immatériels, qu'il soit secondé par un inconscient puissant et fécond. L'homme purement abstrait sans impulsions spontanées, dont l'inconscient est atrophié, est un homme incomplet quelle que soit sa culture intellectuelle. Il faudrait, outre les Universités et les écoles spéciales, créer une école de haute culture générale, ouverte à toutes les intelligences d'élite, par laquelle passeraient obligatoirement tous les fonctionnaires après leurs études spéciales et avant d'entrer en fonctions. Cette école serait le couronnement splendide et brillant de toute l'œuvre éducatrice, résumerait et coordonnerait l'ensemble des connaissances humaines physiques, morales et intellectuelles. On y enseignerait, dans un but d'harmonie, la science des sciences, la philosophie des philosophies, l'art des arts. On y étudierait le passé et le présent en vue de l'avenir. On y représenterait la vie comme susceptible de devenir elle-même une œuvre d'art. On y enseignerait la joie de l'enthousiasme et l'immensité de l'idéal vers lequel tendront les efforts de la démocratie future. L'école de haute culture personnifierait ainsi dans sa forme la plus élevée, la philosophie de la Vie, du Monde et de l'Idéal.

Le titre d'éducateur à l'école de haute culture classerait un homme au tout premier rang et à ce titre seraient attachés des émoluments considérables et des privilèges nombreux.

CONCLUSION

L'ÉTUDE, même succincte, des éléments de physiologie nous permet d'envisager la question d'éducation sous un jour nouveau, si nous reconnaissons à l'inconscient le droit d'existence et le droit à une éducation spéciale. La culture de l'être conscient cesse alors d'être l'objectif unique.

Nous avons vu que l'inconscient est difficilement accessible à l'abstraction pure, que son éducation est lente et qu'elle se fait surtout par l'intermédiaire du mouvement, de la perception sensorielle et du milieu ambiant. On pourrait peut-être y ajouter à titre d'hypothèse l'influence d'effluves immatériels que nous n'avons pas encore pu enregistrer à l'aide d'instruments de précision, mais qui en langage psychologique pourraient se traduire par les mots « influence, ascendant moral, amour. » Ces effluves émaneraient de l'inconscient d'autrui.

La doctrine spiritualiste oppose l'esprit à la matière et l'âme au corps, opposant donc simultanément l'âme et l'esprit au corps et à la matière. On peut se demander s'il n'y a pas eu jusqu'à présent confusion entre l'âme et l'esprit et si l'opposition du conscient à l'inconscient n'est pas plus près de la vérité.

L'esprit c'est le raisonnement analysé c'est-à-dire le conscient ; il existe, d'autre part, une certaine analogie entre les manifestations de l'âme d'origine théologique et celles de l'inconscient d'origine physiologique.

Avoir une belle âme c'est être porté instinctivement à faire le bien sans intervention du raisonnement analysé. Il en est de même de l'inconscient que l'éducation doit porter à faire instinctivement la chose juste.

L'éducation de l'inconscient se fait en partie par la perception sensorielle. N'emploie-t-on pas les mêmes moyens pour élever l'âme ? Est-ce que l'Eglise par la beauté de ses cathédrales, par les œuvres d'art, la musique et les parfums ne cherche pas à agir sur l'inconscient par des perceptions sensorielles ?

Ne peut-on pas trouver un terrain d'entente entre l'école spiritualiste et l'école matérialiste dans une doctrine nouvelle qu'on pourrait appeler « l'immatérialisme physiologique » ? Les manifestations de l'âme ne peuvent-elles pas être assimilées à des réflexes immatériels provenant des centres nerveux de l'inconscient ?

Ce qu'on peut reprocher à la tendance actuelle dans l'enseignement de l'Etat c'est de viser plus à l'instruction qu'à l'éducation, de s'occuper trop du conscient et pas assez de l'inconscient ; de s'inspirer d'un idéal d'autorité psychologique et non d'harmonie physiologique.

Pour les réformes à apporter dans l'éducation de la Démocratie, c'est aux hommes de science qu'il faut s'adresser, aux philosophes qui travaillent avec recueillement, cherchant sans parti pris, avec sincérité et persévérance la vérité intégralement insaisissable, planant au-dessus des passions politiques, travaillant pour le bien de tous et sans espoir de récompense ultérieure.

Nous différencions ici l'inconscient du conscient, c'est-à-dire l'instinct du raisonnement, l'intuition de l'analyse, le sentiment de l'intérêt immédiat et nous demandons qu'il soit fait une large part dans l'éducation, à l'amélioration des instincts et au développement de l'intuition et du sentiment.

Trop souvent les innovateurs politiques préconisent de bonne foi des réformes dont le résultat sera contraire au but qu'ils poursuivent eux-mêmes.

La doctrine prêchée ici est celle de l'harmonie d'où doit résulter la joie. La doctrine de l'autorité implique la contrainte d'où résulte la souffrance.

Le gouvernement de la Démocratie, libre expression de la volonté d'un grand peuple, ne peut-il pas être splendide, brillant et joyeux ?

Ne peut-on pas introduire cette tonalité dans l'éducation de la Démocratie ?

A la suite des réformes qu'on établira progressivement dans l'éducation et qui devront commencer par les écoles normales elles-mêmes, il faudra s'attendre à peu de la génération actuelle, à beaucoup de la génération suivante et à tout des générations futures.

La France depuis des siècles est à la tête de la civilisation. Elle doit tenir à honneur de conserver le premier rang tout au moins

dans le domaine immatériel ; elle doit ajouter aux couleurs natio-
nales l'emblème de l'idéal, de telle sorte que le drapeau de la France
soit universellement reconnu comme le drapeau de l'Humanité, et
que la vitalité de la France devienne une nécessité philosophique
pour le monde entier.

LA RENAISSANCE CONTEMPORAINE

Revue bi-mensuelle : paraît le 10 et le 25 de chaque mois

Directeur : PAUL VÉROLA — *Rédacteur en Chef* : ROBERT VEYSSIÉ

Secrétaires Généraux : ALPHONSE ROUX & JACQUES REBOUL

Secrétaires de Rédaction : JEAN MULLER, HÉRA MIRTEL, HENRI ALLORGE

Principaux Collaborateurs :

EDOUARD SCHURÉ ; PAUL VÉROLA ; PAUL ADAM ; M. ED. NAEGELEN ; GEORGE-G. FLEUROT ; JEAN-PAUL NEVEU ; ALPHONSE ROUX ; ROBERT VEYSSIÉ ; JEAN HURÉ ; YVONNE DE ROMAIN ; HENRI ALLORGE ; MAURICE BLAIN ; CHARLES HOLVECK ; MAXIME AUDOUIN ; L. RICHARD-MOUNET ; GEORGES MARTIN ; PIERRE MUENIER ; CHARLES MEUNIER ; PHILÉAS LEBESGUE ; ALFRED COUPEL ; MARIE DAUGUET ; LÉON VANNOZ ; MARC ELDER ; EMILE VERHAEREN ; U. BRUNELLESCHI ; FERNAND DIVOIRE ; GASTON PICARD ; JEAN MULLER ; MARTIN-MAMY ; ALPHONSE GAILLARD ; AUGUSTE AUMAITRE ; RENÉ LEHMANN ; HENRI CHASSIN ; GUSTAVE DUPIN ; ERNEST GAUBERT ; J.-C. HOLL ; CHARLES DORNIER ; SÉBASTIEN-CHARLES LECONTE ; JEAN OTT ; CANUDO ; JACQUES REBOUL ; GUSTAVE-L. TAUTAIN ; LYA BERGER ; LUCIE DELARUE-MARDRUS ; JEANNINE VADE ; HÉRA MIRTEL ; MARCEL MILLET ; MARCEL HERVIEU ; JEANNE-PERDRIEL VAISSIÈRE ; SERGE EVANS ; HENRIETTE SAURET ; PIERRE JALABERT ; GABRIEL CLOUZET ; EMILE COTTINET ; PAUL LACOUR ; LUCIEN ROLMER ; MAURICE VALLIS ; C. SANTELLI, etc.

CHRONIQUES DE LA QUINZAINE

Billet Littéraire : ROBERT VEYSSIÉ.

Études philosophiques : PAUL VÉROLA, EDOUARD SCHURÉ, YVONNE DE ROMAIN, JEAN MULLER, JACQUES REBOUL.

Les Poèmes : ROBERT VEYSSIÉ, JEAN MULLER.

Les Livres de prose : ALPHONSE ROUX.

Notes bibliographiques : ROBERT VEYSSIÉ, HENRI ALLORGE, MARTIN-MAMY, GUSTAVE-LOUIS TAUTAIN, GEORGES MARTIN, HÉRA MIRTEL, GASTON PICARD.

La Musique : JEAN HURÉ, FRANZ GODEBSKI.

Critique Dramatique : PAUL VÉROLA, ROBERT VEYSSIÉ, RENÉ LEHMANN.

Critique d'Art : ALPHONSE ROUX, UMBERTO BRUNELLESCHI, J.-C. HOLL, GEORGES MARTIN.

Propos d'Art : ALPHONSE ROUX.

Ésotérisme et Sciences psychiques : FERNAND DIVOIRE.

Archéologie, Ethnographie, Folklore : JACQUES REBOUL, GUSTAVE DUPIN.

Revue des Idées : SERGE EVANS.

Lettres Étrangères : HENRI ALLORGE, UMBERTO BRUNELLESCHI (Italie), GEORGE-G. FLEUROT, E. MALOUBIER (États-Unis), CAÏON (Roumanie), JACQUES REBOUL (Allemagne, Autriche), THOMAS LOPEZ (Brésil), JEAN MULLER (Suisse romande), HÉRA MIRTEL (Espagne)

L'Art à l'Étranger : JACQUES REBOUL, PAUL COMBIER, YVONNE DE ROMAIN.

Chronique Sociale et Scientifique : JEAN-PAUL NEVEU, CHARLES MEUNIER.

Histoire et Documents : X...

Chronique Parisienne : CHARLES HOLVECK

Chronique Féminine : LYA BERGER.

Le Mouvement féministe : HÉRA MIRTEL.

Faits et Gestes de la Quinzaine : GASTON PICARD et M.-E. NAEGELEN.

Anthologie de la Grande Presse : ARGUS.

Revue des Revues : GASTON PICARD.

POUR TOUT CE QUI CONCERNE LA RÉDACTION, S'ADRESSER A M. ROBERT VEYSSIÉ, 10, RUE OUDINOT, PARIS. (LE JEUDI DE 3 H. A 6 H.) — TOUTE LETTRE DOIT ÊTRE ACCOMPAGNÉE D'UN TIMBRE POUR LA RÉPONSE.